NOTICE

SUR

M. Adolphe VUITRY

ANCIEN MINISTRE, MEMBRE DE L'INSTITUT

PAR

Georges PICOT

MEMBRE DE L'INSTITUT

PARIS

ALCAN-LÉVY, IMPRIMEUR DE L'ORDRE DES AVOCATS

61, rue Lafayette, 61

—

1886

NOTICE

SUR

M. Adolphe VUITRY

ANCIEN MINISTRE, MEMBRE DE L'INSTITUT

PAR

Georges PICOT

MEMBRE DE L'INSTITUT

———

PARIS

ALCAN-LÉVY, IMPRIMEUR DE L'ORDRE DES AVOCATS

61, rue Lafayette, 61

—

1886

ASSOCIATION DES ANCIENS SECRÉTAIRES

DE LA CONFÉRENCE DES AVOCATS

Notice sur M. ADOLPHE VUITRY

LUE A L'ASSEMBLÉE GÉNÉRALE DU 9 JANVIER 1886

PAR M. GEORGES PICOT

Notre association rend le plus souvent hommage à des jurisconsultes nés au Palais de Justice qui ont grandi et qui sont morts en portant la robe.

Parfois, elle entend le récit de vies plus troublées, que les hasards de la politique, les ardeurs des partis ont entraînées dans l'arène des luttes publiques.

Nous voyons alors les discours succéder aux plaidoiries; nous assistons à la transformation des talents; nous suivons tour à tour dans l'opposition et au pouvoir ces brillants déserteurs de la barre que les vicissitudes politiques ramènent presque tous au bercail.

Je suis chargé de vous entretenir aujourd'hui d'une vie vouée tout entière aux grandes affaires de l'État, que le

Palais n'a pas disputée à la politique, d'un des esprits les plus distingués de ce pays, d'un jeune homme qui a porté la robe deux ans à peine, qui a été secrétaire de la Conférence pendant six mois seulement, mais qui, élevé aux plus hautes charges de l'Etat, s'est toujours rappelé cette origine, en gardant dans toutes ses fonctions le goût et le respect du droit.

Adolphe Vuitry est né, le 31 mars 1813, à Sens, où son père, ingénieur des ponts et chaussées, s'était fixé et marié. De fort bonne heure, il attira l'attention de ses maîtres par la précision de son esprit, tandis que ses camarades ressentaient pour lui un respect qui les tenait à distance. Ses succès de plus en plus marqués décidèrent son père à le diriger vers l'Ecole Polytechnique.

A la fin de 1830, il fut envoyé à Paris pour achever ses études préparatoires ; l'activité de son esprit ne reculait devant aucune tâche ; les mathématiques spéciales qui suffisent à remplir la vie d'un étudiant ne l'empêchèrent pas de prendre ses premières inscriptions de droit. En juillet 1831, il passait son premier examen et, à 19 ans, l'étudiant en droit entrait à l'Ecole Polytechnique.

Cette union des sciences et du droit, cette rigueur de l'esprit s'alliant au goût des études juridiques, formaient dès la première jeunesse l'image des qualités qui devaient être le signe distinctif de M. Adolphe Vuitry. Il se maintint durant deux ans parmi les premiers de sa promotion ; il se montrait assidu à tous les genres d'études, mais nullement absorbé par les sciences ; portant aux affaires publiques cet intérêt ardent qui a été, depuis quatre-vingts ans, l'honneur et la tradition de l'Ecole, il avait coutume de se réunir avec quelques amis, pendant les récréations, pour discuter les événements politiques. C'étaient Duverger, Sabatier, Scherer qui se groupaient autour de Vuitry dans l'angle de la grande cour. Ses camarades écoutaient sa parole déjà nette, d'une lucidité frappante. Le langage de ces jeunes gens était, paraît-il, moins enflammé que grave et sévère, car ce petit groupe, toujours le même, était appelé par les élèves les plus ardents, l'Institut. Etait-ce un éloge ou une critique ? En tous cas Adolphe Vuitry et ses camarades acceptèrent cette désignation. Le futur ministre, qui devait mourir académicien, fit ses premières armes oratoires devant des camarades qui avaient foi en son avenir.

Les préoccupations extérieures ne l'empêchèrent pas de sortir le cinquième de sa promotion. Il choisit les ponts et chaussées et fut inscrit à la fin de 1834 sur les contrôles de l'Ecole d'application.

Son père, qui appartenait au parti libéral, avait été nommé maire de Sens après 1830 ; il fut élu député par l'arrondissement de Sens aux élections générales de juillet 1834.

Dans ses dernières sorties, l'élève de l'école se montrait assidu aux séances de la Chambre des députés ; ses impressions avaient été si vives qu'à la fin de sa vie, il se souvenait encore des moindres discussions auxquelles il lui avait été donné d'assister. C'est ainsi qu'il se trouvait à la Chambre lors de la première apparition à la tribune de M. Dufaure, ami, comme son père, de M. Vivien. Les goûts du jeune ingénieur l'entraînaient de plus en plus vers les affaires publiques. Il avait eu soin pendant deux ans de prendre ses inscriptions de droit. Il donna sa démission d'élève ingénieur, et dans l'espace de dix mois il passa brillamment les trois derniers examens, couronnant ce tour de force par une thèse passée à toutes boules blanches.

Il se destinait à cette époque au barreau. Après avoir travaillé dans une étude d'avoué, il entra au cabinet de M. Teste, alors un des avocats les plus en renom du barreau. Il continuait pendant ce temps son doctorat qu'il achevait en deux années à la fin d'août 1838. Fréquentant assidûment les conférences, il prit souvent la parole à la Conférence des avocats sous le bâtonnat de M. Delangle ; à la rentrée de novembre 1838, il était nommé secrétaire avec MM. Emmanuel Arago, Le Blond, Mathieu, Millevoye et Grévy.

— 6 —

La première fois qu'il plaida à la 1re chambre de la Cour, le Premier Président Séguier fut frappé de l'élocution du stagiaire : Me Vuitry, dit-il à la fin de la plaidoirie, êtes-vous le fils du député ? — Oui, Monsieur le Premier Président. — J'en fais compliment au père et au fils, répliqua-t-il de sa voix mordante.

L'année 1839 se serait achevée pour lui au milieu des paisibles travaux du stage, si le bâtonnier, dont il était depuis deux ans le secrétaire, n'était devenu garde des sceaux le 12 mai 1839. Il entrait ainsi dans la vie publique, pour n'en plus sortir. Au ministère que présidait le maréchal Soult, succéda, le 1er mars 1840, celui de M. Thiers dans lequel le portefeuille de la justice était attribué à M. Vivien, l'un des amis particuliers du père de M. Vuitry. Le chef de cabinet continua ses fonctions et ne les quitta que pour diriger la 1re section de l'administration des cultes dont il fut nommé le chef le 17 juin 1840.

Pendant cinq ans, sous M. Martin du Nord, il se consacra exclusivement aux rapports de l'Etat et de l'Eglise catholique. Les questions les plus délicates furent résolues par ce jeune homme de 27 ans avec une hauteur de vues qui faisaient honneur à son esprit et au gouvernement.

Celui qui écrira l'histoire des relations de l'Eglise catholique avec le Gouvernement de Juillet, trouvera dans les rapports du jeune chef de division les lumières les plus vives.

Le clergé avait exercé sous la Restauration une part du pouvoir politique ; aussi avait-il vu avec désespoir éclater, en 1830, une révolution dont il n'avait compris ni les causes, ni le terme. Quelques évêques avaient cru au renouvellement des crimes de la Terreur. Le sac à jamais déplorable de l'Archevêché semblait justifier leurs alarmes. Il s'en fallut de peu que la masse du clergé ne se jetât dans les rangs du carlisme. La rupture était certaine, sans la vigueur du grand ministère auquel M. Casimir Périer a donné son nom. Sachant réprimer les écarts avec là dernière fermeté, sans se laisser entraîner à de puériles taquineries, il n'hésitait pas à châtier dans l'Ouest, au milieu de l'insurrection, les menées hostiles des curés vendéens, et, à Paris, le ministre des cultes défendait courageusement le clergé contre les violences de ceux qui voulaient reprendre les traditions révolutionnaires. En peu d'années, le calme se fit, mais les principes demeurèrent les mêmes. M. Vuitry se les appropria ; jusqu'à la dernière heure de sa vie, il demeura persuadé que les malentendus et les colères soulevés par une politique haineuse méneraient à la rupture du Concordat et que ce grand traité de paix ne pouvait être sauvé que par une inébranlable fermeté, à la fois respectueuse et résolue.

En 1842, M. Vuitry avait eu entrée au Conseil d'Etat comme maître des requêtes en service extraordinaire ; le 19 juillet 1846, il quitta l'administration des cultes pour devenir maître des requêtes en service ordinaire. Dès son arrivée, il se fit une place exceptionnelle. La Révolution de 1848, qu'il avait vu éclater avec douleur, réorganisa le Conseil d'Etat. Il y fut maintenu : les fonctions de commissaire du gouvernement qu'il exerçait auprès de la section du contentieux lui donnaient occasion de déployer chaque jour la lucidité éloquente dont il était doué et qu'il mettait au service des affaires les plus compliquées. Dès la création du tribunal des conflits, il y fut également attaché en qualité de commissaire du gouvernement. Le recueil des arrêts du Conseil nous a conservé des conclusions très remarquables de M. Vuitry données dans le cours des années 1849, 1850 et 1851.

La Constitution de 1848 avait fait du Conseil d'Etat un auxiliaire du pouvoir législatif : tous les projets du gouvernement, hormis les lois de finances, devaient lui être soumis, et les propositions des députés pouvaient lui être renvoyées.

La loi sur l'administration intérieure avait provoqué des propositions d'initiative parlementaire qui n'allaient à rien moins qu'à détruire notre unité administrative. Des esprits mal réglés appartenant au parti légitimiste, aigris par l'habitude d'une longue et stérile opposition, avaient proposé d'affranchir les communes de la tutelle de l'Etat, devançant les utopies de l'autonomie communale. Ces projets avaient été renvoyés en 1849 au Conseil d'Etat auquel le gouvernement demandait une étude d'ensemble. Il ne s'agissait pas, comme il est arrivé trop souvent, d'ajourner la question, mais de l'éclairer. Le Président de la section de législation, M. Vivien, désigna comme rapporteurs les hommes les plus capables. M. Boulatignier fut chargé des conseils de préfecture et écrivit sur la juridiction administrative un rapport qui est devenu célèbre. M. Vivien retint pour lui la constitution du canton qui devait être doté d'un conseil et former une des bases de l'organisation administrative. La commune demeurait le champ favori des faiseurs de projets : il fallait lui assigner sa vraie place, constituer sa personnalité sans porter atteinte à l'Etat. C'était une œuvre délicate. M. Vivien la confia à son ancien collaborateur, au maître des requêtes dont il avait su apprécier la valeur. C'était la première fois qu'un conseiller d'Etat n'était pas chargé d'une fonction aussi importante ; mais la dérogation était pleinement justifiée. Ce rapport, terminé en décembre 1850, est, en effet, un modèle de clarté et d'élévation. Notre organisation administrative y est comprise, exposée, défendue avec une supériorité qui éclate à chaque ligne.

Dans les temps troublés où des esprits chimériques s'aviseraient de contester encore une fois les principes fondamentaux qui rattachent, sans l'étouffer, le pouvoir municipal au pouvoir central, il faudra recourir à cette dissertation sobre et précise qui donne les véritables raisons de décider et dont la fermeté de style est telle qu'elle laisse en quelque sorte une empreinte dans l'esprit du lecteur.

Ce rapport forme l'exposé des motifs d'un projet que l'Assemblée législative n'eut pas le temps de voter ; mais l'effet était produit. La défense de la belle loi de 1838, qui a formé depuis un demi siècle la charte des communes, avait été présentée de main de maître ; on ne songea plus à la bouleverser.

Telle était l'autorité de M. Vuitry au Conseil d'Etat que nul ne fut surpris de le voir nommé le 26 avril 1851 sous-secrétaire d'Etat au ministère des finances. Il quitta le ministère avec M. Achille Fould, au moment où parurent les décrets de confiscation et rentra au Conseil d'Etat, comme conseiller d'Etat en service ordinaire.

Attaché à la section des finances, il était délégué par elle à l'Assemblée du Conseil d'Etat au contentieux qui avait succédé aux attributions jadis dévolues au tribunal des conflits. C'est en cette qualité qu'il prit part à la célèbre délibération du 15 juin 1852, sur le conflit élevé par le Préfet de la Seine, à la suite du jugement du tribunal qui s'était déclaré compétent pour connaître de la revendication dirigée contre l'Etat par les princes d'Orléans. Nul n'ignore que le conflit fut admis par neuf voix contre huit (1).

Le 16 juin, le *Moniteur* publiait la destitution de M. Cornudet, rapporteur, de M. Reverchon, maître des requêtes, (auquel le dossier avait été, enlevé quelques jours avant la séance) et il enregistrait la démission forcée de M. Maillard, président de la section. Le despotisme n'avait pas perdu une heure pour punir l'indépendance des juges. Jamais M. Vuitry n'a parlé de son rôle en cette affaire ; mais le temps qui s'est écoulé permet de rapporter aujourd'hui sur son indépendance ce que disaient, il y a trente-quatre ans, les contemporains de la confiscation. M. Vuitry, le plus jeune des dix-sept conseillers présents, avait dû s'exprimer le premier et il l'avait fait avec une force et une réserve qui avaient laissé de profonds souvenirs parmi ses collègues. Plus tard, il sut marquer ce que des exclusions inspirées par la passion politique lui avaient fait éprouver.

Son autorité ne cessait de grandir parmi ses collègues. Il se montrait supérieur à toutes les tâches. Aussi fut-il ap-

(1) Voir le *Correspondant* du 25 novembre 1871. *Les Décrets du 22 janvier 1852*, par M. Reverchon, p. 59.

pelé par la voix commune à la présidence d'une section en
juin 1854. C'est alors que le talent de M. Vuitry donna
toute sa mesure. Aimant les grandes affaires de l'Etat et le
droit, les préférant de beaucoup à la politique dont il dé-
testait les passions étroites, il vivait à l'aise dans l'atmos-
phère paisible du Conseil d'Etat. « L'étendue et la variété de
ses connaissances, a dit un de ceux qui le connaissaient le
mieux et qu'il aimait le plus, la souplesse de son esprit
également exercé aux études mathématiques et aux études
juridiques, une facilité de travail qui n'enlevait rien à la
sûreté des appréciations, une sagesse toujours en éveil lui
faisaient voir clair et voir juste dans les affaires les plus
difficiles.

« Le zèle du bien public était chez lui inséparable du respect scrupuleux de la règle, de la loi ; il ne soutenait
que les solutions les plus correctes et les plus pru-
dentes.

« Il n'hésitait jamais à dire l'opinion que lui dictait sa
conscience, alors même qu'elle était de nature à déplaire.

« Sa parole nette, sobre, élégante, animée, selon les cir-
constances, par la finesse ou par une émotion contenue,
mais toujours exempte d'apprêt, jetait la lumière dans les
discussions. » (1)

M. Geffroy, président de l'Académie des sciences morales
et politiques, ne traçait pas un portrait moins fidèle quand
il disait :

« Ces mérites n'étaient pas de ceux qu'un retentissement
éphémère vante au loin et bien souvent profane. Cette élo-
quence d'affaires, qui n'a d'autres objets que la vérité et la
justice, la protection des droits privés et le bon droit de
l'Etat, qui ne s'adresse pas aux passions, mais aux lumières
et à la sincérité d'un auditoire peu nombreux et d'élite,
qu'on doit persuader, cette austère et bienfaisante parole,

(1) Discours prononcé par M. Aucoc, membre de l'Académie des sciences
morales et politiques, ancien président de section au Conseil d'Etat, aux
funérailles de M. Vuitry.

qui était si bien chez M. Vuitry la naturelle expression non seulement d'une science consommée, mais de la dignité de caractère et de l'élévation d'âme, n'est-ce pas à la fois une vertu et une puissance qui, de tout temps, a conquis le respect, ce qu'un ancien qualifie en des termes applicables à celui que nous perdons : *nihil gravius, sanctius, doctius... omnes bonœ artes in uno homine ?* » (1)

Enlevé un instant à ses travaux pour exercer le gouvernement de la Banque de France (15 mars 1863), M. Vuitry fut rappelé au Conseil d'Etat le 28 septembre 1864 par un décret qui le mettait à la tête de ce grand corps. Son retour au milieu de collègues qui l'aimaient fut un véritable triomphe.

Nous avons retrouvé, au Conseil d'Etat, la minute du discours qu'il prononça en prenant possession de ses fonctions : «.... J'appartiens, dit-il, au Conseil d'Etat depuis 22 ans, c'est ici que toute ma carrière administrative s'est accomplie. Ce que je puis savoir, c'est ici que je l'ai appris : j'y ai reçu dans ma jeunesse les conseils et les encouragements de maîtres auxquels j'aime à rendre aujourd'hui un hommage de déférence et d'affection. J'y ai contracté les meilleures et les plus solides amitiés. Je suis, qu'on me permette de le dire, un des enfants de ce Conseil...

« Nous avons à remplir une grande et importante mission. Le Conseil d'Etat a conservé toutes ses anciennes attributions en matière administrative et contentieuse, et il est en outre investi, par la Constitution, d'une fonction politique qui l'associe à l'action du Gouvernement. Cette fonction, loin de s'altérer, s'agrandit au contraire chaque année par l'effet même du développement des institutions de l'empire et de l'esprit public.

« Nous sommes chargés de préparer les lois, et après les avoir préparées, nous sommes chargés de les défendre : de

(1) Discours prononcé par M. Geffroy, président de l'Académie des sciences morales et politiques.

ce double mandat découlent des obligations et des responsabilités diverses. Nous devons examiner librement les projets qui nous sont soumis et les discuter avec une respectueuse indépendance. Il est bon que toutes les critiques se produisent. Il est utile que le Gouvernement trouve dans les loyales appréciations de cette assemblée un premier reflet de l'accueil qui sera fait ensuite à sa pensée par les représentants du pays et par l'opinon publique. »

L'hommage aux hommes qui composaient le Conseil d'Etat de 1842, l'affirmation des qualités d'indépendance nécessaires aux conseillers d'Etat, la mention à deux reprises de l'influence de l'opinion publique sur les délibérations de l'Assemblée paraissent toutes naturelles aujourd'hui. En 1864, elles étaient autant de hardiesses qui ne pouvaient passer inaperçues.

Son action sur le Conseil d'Etat fut à ce point de vue très sensible. Il s'appliqua à y faire renaître l'esprit de corps, à y susciter le travail à tous les dégrés et à empêcher les passions d'en franchir le seuil. En 1867, il en donna une preuve frappante. Par une rencontre sans précédents, trois sections perdirent à la fois leurs présidents. M. Vuitry n'hésita pas à repousser toutes les candidatures politiques qui auraient fait de ces postes d'honneur la récompense de vulgaires services. Il désigna au chef de l'Etat les conseillers les plus éminents : c'était M. Cornudet, le rapporteur destitué de 1852 qui avait été rappelé en 1853, qui n'avait cessé de montrer la grandeur d'une âme indépendante et libre (1) et pour lequel il voulait une plus éclatante réhabilitation. C'était M. Marchand, dont l'indépendance avait été signalée à la même époque et qui était la lumière du contentieux, et enfin M. de Lavenay dont toute la carrière, comme celle de ses trois collègues, s'était écoulée

(1) M. Aucoc a fait tout récemment le récit d'un acte d'indépendance accompli par M. Cornudet en pleine séance du Conseil d'Etat tenue aux Tuileries devant l'Empereur. (Voir le *Compte rendu des séances de l'Académie des Sciences morales et politiques*, année 1886, avril, page 562.)

au Conseil d'Etat. Le jour de l'installation des trois présidents fut un jour de triomphe pour M. Vuitry : quand l'Assemblée générale étant réunie, on le vit entrer suivi des
trois conseillers choisis dont le plus jeune avait trente
années de service au Conseil, ce fut une longue acclama-
tion dans laquelle se mêlaient la reconnaissance pour la récompense si rare du vrai mérite et une admiration pour
l'acte public qui plaçait à leur rang des hommes qui avaient
donné des gages d'indépendance.

Telle était la loyauté de M. Vuitry, que nul, parmi les
impérialistes, n'osait le suspecter ; mais les esprits violents
et ombrageux laissaient entendre que le Président du
Conseil représentait beaucoup plus l'esprit de 1830 que les
principes de 1852.

L'empire a fait appel à deux genres de dévouements
très divers. Parmi les hommes politiques qui l'ont servi, il
y a eu beaucoup d'ambitieux et un petit nombre de modé-
rés : les premiers, assez médiocres, ont sollicité sans cesse
des faveurs ; les seconds, très intelligents, n'ont rien demandé ; les uns ont été les mauvais génies de l'empereur.
des autres l'histoire dira qu'ils auraient sauvé l'empire,
s'ils avaient été plus nombreux et mieux écoutés. Entre
M. de Persigny ou M. Granier de Cassagnac et M. Vuitry,
M. Duruy ou M. de Parieu, les écrivains qui raconteront
les dixh-uit années du second empire, mettront toute la
distance qui sépare les violences et l'intrigue de la science
politique et du droit.

Tant de qualités si éminentes marquaient la place de
M. Vuitry à l'Académie des sciences morales et politiques.
Elu le 5 mars 1862 dans la section de politique. administration et finances, il fut transféré, lors de la suppression
de cette section, dans celle d'économie politique.

Dans la société de Paris, M. Vuitry tenait la même place.
A côté des réunions officielles, son salon avait un caractère
tout différent. Il le devait assurément à celle qui, depuis
1840, a entouré sa vie de toutes les joies, qui a été l'hon-

neur de sa maison, et qui savait, avec une grâce char-
mante, attirer ceux qu'il aimait et les retenir auprès de lui
mais, le soin avec lequel il avait conservé les plus vieilles
amitiés de sa jeunesse, les efforts qu'il avait faits pour
écarter les causes de division, effacer les haines de partis
et les querelles de personnes faisaient oublier pour un moment à ceux qui se rencontraient dans sa demeure les passions politiques les plus ardentes.

Les cinq années qu'il passa aux Chambres comme ministre sans portefeuille, à l'heure où les ardeurs de l'opposition libérale étaient si vives, ne parvinrent pas à modifier
cette situation exceptionnelle. Et cependant M. Vuitry
était toujours sur la brèche ; mais il s'attachait aux questions d'affaires, à la discussion des budgets, ayant soin de
laisser à d'autres orateurs la défense de la politique exté-
rieure. Nous ne suivrons pas M. Vuitry dans les débats de
l'adresse, ou dans la discussion des interpellations qu'il
soutenait avec une autorité toute personnelle. Ce serait
écrire une page d'histoire dont l'heure n'a pas encore
sonné.

Depuis un an, il avait été nommé sénateur et avait quitté
la politique active, lorsque la guerre éclata. Il vit avec douleur, mais sans surprise, la chute du gouvernement qu'il
avait loyalement servi. Attaché à l'ordre, comme à la première condition des sociétés, il s'était rallié au pouvoir qui
l'avait assuré pendant vingt ans. Il entra dans la retraite,
résolu à ne plus servir un autre gouvernement ; mais il y
entra sans aigreur contre les hommes, avec cette pleine
impartialité d'un esprit libre, tellement ennemi de la passion qu'il était toujours prêt à juger ses amis avec sévérité
et ses adversaires avec indulgence.

En septembre 1871, des électeurs de Sens lui offrirent
de le porter au Conseil général : il refusa le mandat qui lui
était offert, mais s'il voulait demeurer loin des luttes politiques, il avait horreur de cette émigration à l'intérieur qui
a été, pendant de si longues années, une mode parmi les

classes supérieures, qui a marqué de notre temps leur déclin, et qui a précipité l'avènement de la démocratie.

Dans la lettre qui fut rendue publique, après avoir fait connaître sa résolution, il ajouta :

« Ce n'est pas que je méconnaisse les devoirs de dévouement et d'union que les malheurs de la France imposent à tous les bons citoyens : ce n'est pas que je me désintéresse de mon pays. Soumis à la volonté nationale, je fais des vœux sincères pour que ses mandataires puissent mener à bonne fin l'œuvre difficile et patriotique qu'ils ont entreprise. Mais ma conscience ne peut concilier ce qu'elle doit au passé et ce qu'elle ne saurait refuser aux douloureuses nécessités du présent qu'en se renfermant, sans amertume et sans bruit, dans la vie privée. »

En politique, M. Vuitry ne peut être classé dans un parti. Profondément attaché à ce qui a fait de tout temps la grandeur de la France, c'était un homme du tiers-état, imbu des doctrines du Parlement de Paris, et fermement attaché, sans distinction de régime, sans rancune, ni défiance contre la liberté, à tous ceux qui sauraient maintenir avec l'unité de la patrie, la centralisation administrative qui, selon lui, était la condition de sa force.

Il semble, Messieurs, que nous ayons terminé la notice consacrée à M. Vuitry. Quand une révolution vient frapper un homme d'Etat dont la vie a été consacrée à l'action, il est bien rare qu'il parvienne à remplir son existence et à se donner des missions nouvelles qui raniment son ardeur. On a vu des hommes que les lettres avaient prêtés aux affaires publiques revenir, au déclin de la vie, à leur point de départ, comme un soldat blessé rentre au pays natal ; mais M. Vuitry n'avait jamais eu le loisir d'entamer des études d'érudition. Dans cette voie, tout était nouveau pour lui. L'originalité de M. Vuitry a été de commencer à soixante ans, pour la première fois, des recherches historiques et de devenir un maître.

L'ancien président de la section des finances s'était proposé d'abord de décrire les finances françaises au dix-huitième siècle, à la veille de la Révolution : il s'aperçut bien vite qu'un tel tableau n'aurait d'intérêt et de portée que s'il marquait la suite des transformations de l'impôt. D'époque en époque, il dut remonter jusqu'aux premiers temps de la monarchie ; enfin il fut amené à s'attaquer aux problèmes les plus compliqués de nos origines. Ses grandes *Etudes sur le régime financier de la France avant la Révolution de 1789* sont une œuvre d'historien politique.

Devait-il donc écrire une histoire générale des finances de France ? et parce qu'il avait voulu se rendre un compte exact de ce que produisaient les impôts à la fin de l'ancien régime, serait-il obligé de passer de longues années à faire revivre les vestiges de civilisations évanouies ? Dès ses premiers pas dans cette voie nouvelle, il découvrit le puissant attrait des excursions dans le passé et, en même temps, son esprit sagace discerna la méthode la plus propre à exposer et à faire comprendre le résultat de ses recherches. Il y a des sujets si étendus et si variés qu'ils se prêtent mal à toutes les conditions d'un travail uniforme et continu. L'histoire financière de la France lui parut se diviser naturellement et sans effort, en grandes périodes auxquels il était aisé de consacrer une étude spéciale et distincte.

Les taxes romaines, leur transformation sous la monarchie des Francs, la décadence et le morcellement du tribut public, absorbé par les redevances patrimoniales lors du démembrement de l'empire de Charlemagne, tel est là l'objet de la première étude.

Dans la seconde, l'auteur part de l'infinie diversité des droits fiscaux perçus par les seigneurs pour apprécier « les efforts accomplis par les rois capétiens en vue de reconstituer le domaine public et national. » Sous le prétexte d'un travail exclusivement financier, M. Vuitry a pénétré au fond du régime féodal. Il n'avait pas la prétention d'avoir découvert des documents originaux, mais il tenait en haute estime ceux qui vivaient au milieu des manuscrits et les faisaient connaître.

M. Vuitry avait pour l'Ecole des Chartes et les œuvres d'érudition le plus profond respect : il était à l'affût de tout ce qui se publiait d'inédit ; personne n'a fait un résumé plus solide et plus large à la fois de l'histoire du domaine royal d'Hugues-Capet à Philippe-Auguste.

La troisième étude est peut-être la plus remarquable. Consacrée au règne de Philippe le Bel et de ses trois fils, elle contient en un espace non plus de trois siècles, comme la première, mais de 43 ans, une transformation bien autrement sensible. La royauté de St-Louis et de Philippe-Auguste qui a pu se contenter du revenu du domaine ne peut désormais satisfaire à ses besoins, sans des ressources plus abondantes. Philippe le Bel essaye d'abord de pourvoir à cette insuffisance par l'altération des monnaies, opération délicate dont M. Vuitry explique le mécanisme ingénieux et perfide, qui avait fait donner au roi le surnom, peu exact mais fort expressif, de faux-monnayeur. Les chapitres sur la monnaie laissent fort loin les travaux accomplis jusqu'ici sur une matière qui rebute l'historien.

En même temps, s'ouvre la lutte de la couronne décidée à trouver de nouvelles ressources, et à convertir l'aide féodale en un impôt général, royal et national. M. Vuitry expose à merveille les obstacles qui se dressaient devant la royauté, et comment elle eut à vaincre les résistances des contribuables, des seigneurs et des communes.

Enfin, l'accroissement des recettes exigeant qu'une surveillance plus active fût apportée à leur perception et à leur emploi, l'administration financière se forma, les règlements de comptabilité apparurent, la chambre des comptes acheva de se dégager du Parlement pour former une juridiction distincte et souveraine.

Deux grands faits occupent le milieu du XIVe siècle, le

commencement de la guerre de Cent ans et les Etats généraux. La guerre augmentait les besoins de la couronne.
Les contribuables déjà mécontents depuis un demi-siècle
du poids de l'impôt firent entendre des plaintes de plus
en plus vives. Presque partout en France, les assemblées
provinciales étaient nées des exigences du fisc et de la
nécessité qui imposait au roi des transactions. Les
Etats généraux essayèrent de parler au nom de toutes
les provinces. Leurs doléances et les ordonnances qu'elles inspirent témoignent des tendances des villes vers
un idéal d'ordre, de contrôle administratif, de bonne
tenue et d'uniformité qui a été de tout temps la passion
du tiers état.

M. Vuitry ne pouvait laisser échapper des sources aussi
précieuses. Il s'attachait chaque jour davantage à son œuvre. Il se plaisait à retrouver dans son origine et dans son
développement continu cette idée de l'Etat et de l'administration qui est si intimement liée à la civilisation française.

Le règne de Charles V offrait aussi à son esprit l'image
achevée de la règle et de l'ordre dans la conduite des
affaires intérieures. M. Vuitry en fit le tableau avec une
prédilection marquée.

Il avait hâte d'étudier le règne de Charles VII et de
montrer sous ce prince le complément de l'organisation
financière dont les bases avaient été posées par Charles le
Sage ; mais il fallait franchir un demi-siècle d'anarchie et
ce spectacle du désordre croissant sous un roi fou, au
milieu de princes incapables, de ministres médiocres et de
serviteurs prêts à trahir, n'avait rien qui pût retenir le
financier et l'historien.

Il y a des heures particulièrement propres à écrire telle
ou telle page d'histoire : sans s'abaisser à des allusions, l'historien sent qu'il se dégage de ses réflexions une leçon
ou un exemple. Il écrit avec une émotion intérieure qui
se communique au lecteur, et, s'il n'a altéré en rien les

faits, il éprouve au fond de sa conscience la satisfaction intime d'un service rendu à ses contemporains, dont grâce à lui l'esprit a été éclairé et développé par la vérité.

M. Vuitry cédait assurément à ce besoin quand il voulut dans l'année 1883 étudier, dans des temps plus voisins du nôtre, l'effet sur les finances françaises de l'impéritie des successeurs de Colbert, la détresse des dernières années de Louis XIV et les expédients ruineux auxquels on ne craignit pas de recourir. Il se plongea dans les archives du contrôle général, fut consterné des ressorts qu'employait une administration sans scrupules et en tira la conviction que la moralité publique telle que nous l'entendons, n'était pas née au XVII⁰ siècle. Après le tableau des vingt dernières années du grand roi, l'historien nous montre le péril des conceptions chimériques et des spéculations folles ; il décrit, avec le système de Law, la perturbation économique et financière la plus prodigieuse qui soit jamais résultée des actes d'un gouvernement régulier.

Ces deux études parurent dans la *Revue des Deux-Mondes*, et le succès qu'elles obtinrent aurait déterminé un esprit moins ferme à abandonner son plan primitif et à écrire l'histoire des finances avant la Révolution ; mais M. Vuitry entendait demeurer fidèle à ses projets ; il revint au XV⁰ siècle dès l'automne de 1884.

Les quatre volumes qu'il nous a donnés demeureront une œuvre de premier ordre. D'autres viendront après lui pour étudier des documents nouveaux, profiter de découvertes précieuses ; mais nul ne pourra se passer des vues historiques d'un écrivain qui, après tant d'esprits supérieurs, a su jeter la lumière sur les sujets qu'il traitait, éclairant tour à tour une institution, un personnage ou un temps.

Il a marqué certains faits de son empreinte, parce qu'ayant pris part aux affaires publiques, il avait acquis, dans ce mélange d'action et de réflexion qui fait les esprits d'élite, l'habitude de juger avec profondeur les hommes et les événements.

M. Vuitry n'avait d'abord demandé aux études historiques qu'une consolation : il n'a pas tardé à découvrir toutes les jouissances qu'elles pouvaient lui apporter. Un jour, à la Société de l'Histoire de France, il s'est laissé aller à parler des études qui lui avaient ménagé de si heureuses surprises : « L'homme, disait-il, qui, dès le début de la vie, a dû se vouer tout entier aux labeurs et aux soucis incessants des fonctions publiques, et pour lequel l'heure de la retraite a sonné avant qu'il ait perdu toute faculté de travail et toute activité d'esprit, vient aussi demander à l'histoire un utile emploi de ses loisirs. L'étude et la contemplation du passé peuvent lui donner le moyen de vérifier, de contrôler l'opinion qu'il s'est faite des choses et des hommes de son temps, et l'expérience pratique qu'il a pu acquérir de l'administration, du gouvernement, de tous les grands intérêts sociaux, lui permet quelquefois de pénétrer plus profondément le sens des institutions détruites, d'en juger plus sainement le caractère et le fonctionnement. » (1)

Son esprit curieux ne se contentait pas à la légère ; il savait remonter aux sources, et il excellait à résumer ses recherches dans des exposés savants où se complaisait la clarté de son esprit. Comme tous ceux qui ont beaucoup usé de la parole publique, il aimait à trouver des auditeurs devant lesquels il exposait les résultats de ses investigations. Tous ceux qu'il a pris pour confidents sauront dire avec quelle scrupuleuse pénétration il poussait ses enquêtes, à quels travaux il se livrait pour retrouver la vérité et quelle était son incroyable persévérance.

Exact aux séances de l'Institut, il y apportait sa sérénité bienveillante, un esprit très attentif, et lisait assez souvent des fragments de ses études. Parfois il se mêlait à des discussions économiques ou présentait des livres en y ajoutant des observations ; on retrouvait alors ces qualités si rares qui portaient autour d'elles la lumière.

---

(1) Discours prononcé le 1ᵉʳ mai 1877 à l'Assemblée générale de la Société de l'Histoire de France, par M. Vuitry, président de la Société.

M. Vuitry aimait l'Académie ; il cherchait tout ce qui pouvait étendre son influence et assurer son action. Il avait été frappé dans ses recherches de constater que la grande collection des ordonnances des rois de France s'arrêtait en 1515 ; il formait le vœu que l'Académie des Sciences morales et politiques entreprît la continuation de cette œuvre ; il en parlait souvent à ses confrères. Partageant cette pensée, M. Aucoc fit un savant mémoire à ce sujet et l'Académie adoptant ses vues constitua, en 1883, une commission de rédaction à la tête de laquelle elle plaça M. Vuitry.

Partout il occupait la première place, sans qu'il la recherchât. En une période de quarante-deux ans, la Société de l'Histoire de France n'avait connu que deux présidents, M. de Barante et M. Guizot. Dix-huit mois après la mort de l'historien de la civilisation, elle choisissait M. Vuitry. Seul, il en fut surpris. Au comité des travaux historiques fondé en 1832, et dont l'activité demeure aussi grande, il assistait régulièrement aux séances et prenait part aux délibérations.

Son esprit pratique avait conservé le goût des grandes affaires : de 1872 à 1878, il avait exercé les fonctions de Président du Conseil d'administration des chemins de fer de Paris à Lyon et à la Méditerranée. Il y avait trouvé une occasion d'appliquer l'infatigable activité de son esprit. Peu d'existences étaient plus remplies que la sienne, et, telle était sa sérénité, qu'on l'aurait cru inoccupé. Chaque soir, son salon demeurait ouvert aux amis de toute sa vie. Ceux qui l'entouraient lui rappelaient ses goûts : les finances et le droit avaient partagé les prédilections de l'homme d'Etat ; il trouvait chez ses gendres, avec une affection de tous les instants, l'image de ses études préférées ; un de ses petits-fils allait achever de lui rappeler tous ses souvenirs de jeunesse en portant l'uniforme de l'Ecole polytechnique qu'il avait revêtu un demi-siècle auparavant. Ainsi, les joies de la famille servaient de cadre à cette vie si pleine et si féconde pour l'esprit.

Chacun de nous suivait ses travaux, en mesurait les progrès, s'inquiétait de ses forces, les comparait à la tâche qu'il avait entreprise, se demandait avec anxiété combien de chapitres il pourrait tracer, combien de volumes nous pourrions encore lire. Il nous disait souvent qu'il était fort malade, mais sa sérénité nous rassurait et, quand il quitta Paris en mai 1885, il promettait de nous rapporter à la fin de l'automne l'histoire des finances sous Charles VII.

Le 23 juin 1885, il expirait, au milieu des siens, à Saint-Donain, sur les bords de l'Yonne, où il vivait chaque été entre sa famille, ses livres et ses amis.

Avec des dons admirables, une intelligence perçante comme son regard, une parole ferme et souple, un défaut de passion et une horreur de l'exagération qui faisaient la force exceptionnelle de son jugement, M. Vuitry avait traversé toutes les situations en montrant partout une capacité supérieure à ses fonctions.

Dans l'administration des Cultes où vivaient les traditions des hommes les plus habiles, les souvenirs du maître des requêtes de 1842 sont restés vivants pendant vingt ans. Au contentieux, on citait récemment encore ses conclusions. Il a été l'âme de la section des finances. A la Banque de France, nul n'a oublié son gouvernement qui a duré quinze mois. Il n'est pas une de ces fonctions où il n'ait marqué son passage et laissé une trace profonde.

Quels que soient les succès de sa vie publique, nous croyons que le temps de sa retraite contient des exemples de force et d'activité plus rares à rencontrer et plus dignes de mémoire.

Dans les époques troublées que nous traversons, il est bon de voir les hommes qui ont été mêlés aux plus grandes affaires, parler de leurs successeurs sans colère et du temps où ils ont été au pouvoir sans mépris. M. Vuitry avait cette élévation de jugement et cette indulgence sereine que donne aux esprits supérieurs le véritable sens historique. Il avait vu tomber deux gouvernements qu'il avait servis ; il avait ressenti des déceptions cruelles, ses regrets ne s'étaient pas tournés en irritation.

Il voyait le mal, sans en être étonné, le blâmait fortement, mais n'en éprouvait aucun découragement, et n'admettait pas les désertions et les faiblesses. Ceux qui parlaient devant lui de décadence le faisaient sourire de pitié. Il avait appris dans le passé de la France ce que notre race contenait dans son sein de force et de vie, il avait mesuré de près les maux des derniers siècles, il avait vu nos progrès continus malgré nos fautes, et comme tous ceux qui ont étudié les hommes, comparé les temps et les mœurs, il se refusait à désespérer de la France.

Georges PICOT.